La fourmi et l'éléphant,
une collection conçue et réalisée par
Anne Gutman et Georg Hallensleben,
imaginée par Pierre Marchand

Dépôt légal : n° 28541 - janvier 2003
22.20.4413.5 - 01
ISBN : 2.01.224413.0
Photogravure : Mirascan
Imprimé et relié en France
par Pollina, 85400 Luçon - n° L 88113
Loi n° 49-956 du 16 juillet 1949 sur
les publications destinées à la jeunesse.

HACHETTE
Jeunesse

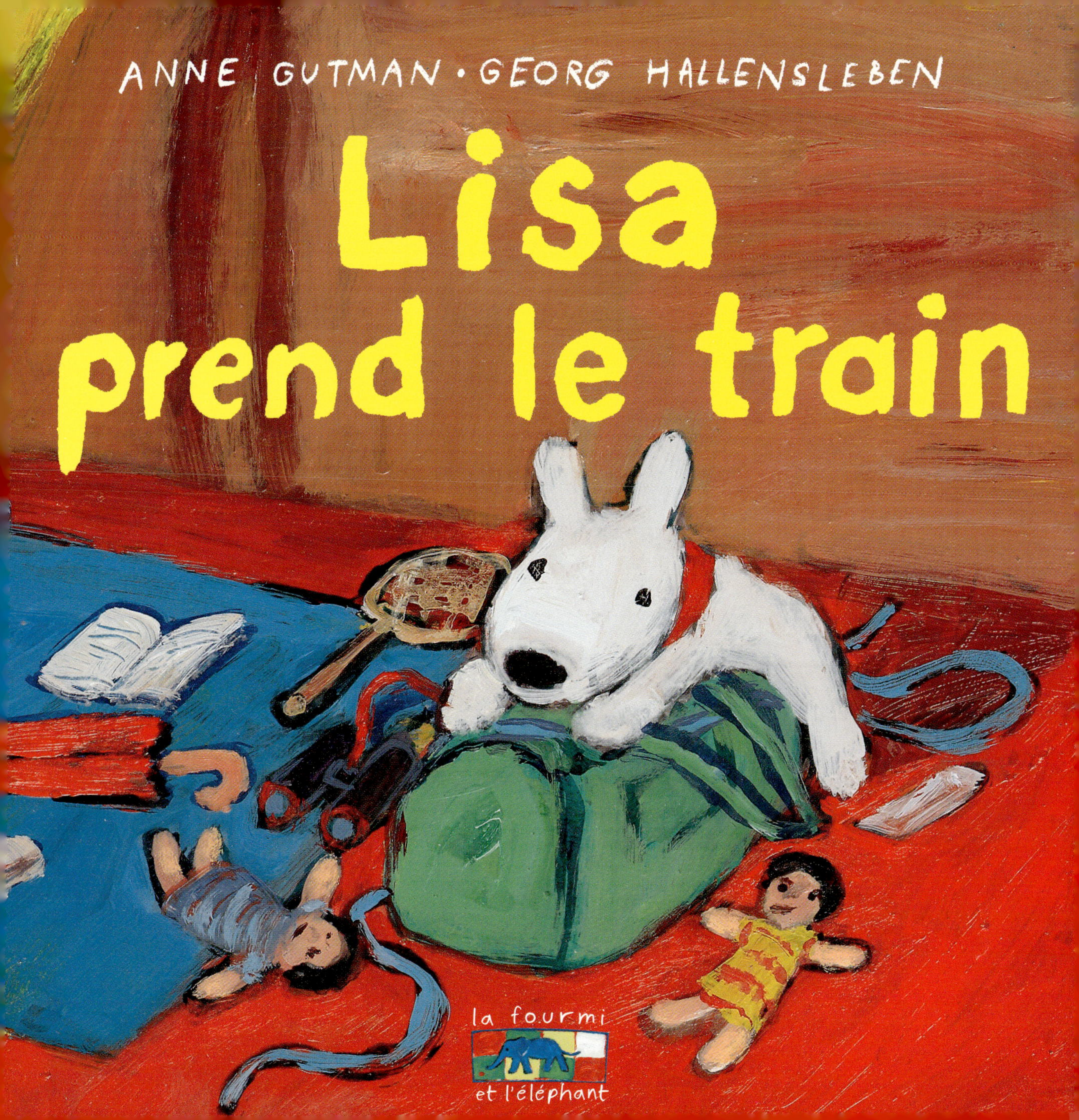
ANNE GUTMAN · GEORG HALLENSLEBEN
Lisa prend le train
la fourmi
et l'éléphant

Quand papa a vu mon sac, il est devenu tout blanc, mais comme il n'y avait plus le temps, on est partis comme ça à la gare.

Maman est allée chercher un chariot
mais on a dû tous descendre pour que papa
puisse mettre les valises dessus.

– Quai n° 1, voiture 406, répétait tout le temps papa en marchant très, très vite.

Mais pour le quai n° 1, il fallait prendre les escaliers... Papa nous a installées sur le sac orange et on ne devait pas bouger pendant qu'il descendait les autres valises.

Finalement on s'est installés dans le train.
C'était super ! Il y avait des petits rideaux,
des mouchoirs pour appuyer la tête et même
une petite tablette pour poser Lila.

Papa nous a donné nos livres
de coloriage. Seulement,
mon feutre vert pour faire
l'herbe était resté dans
ma valise...
Je suis allée le chercher.

Papa et maman se sont fâchés
et j'ai dû retourner à ma place,
maman m'a donné mon sandwich
et je ne devais plus bouger.

– Si vous vous ennuyez, vous pouvez
compter, a dit papa.
Alors, on a compté les vaches, les ponts
et les lunettes… Mais au bout d'un moment,
on ne savait plus quoi compter.
Heureusement, Victoria a eu une bonne idée…

On a attendu que papa et maman s'endorment...
et Victoria a sorti ses billes.
J'aurais dû me méfier qu'elle veuille bien m'en
prêter une... mais j'ai tiré.

J'ai vu ma bille rouler à gauche, et puis à droite,
et puis elle n'a plus roulé parce qu'elle s'est coincée
sous le pied d'un monsieur qui dormait.
– Si elle est perdue, tu ranges ma chambre pendant
un mois ! a crié Victoria.

Alors, discrètement,
j'ai soulevé le pied du monsieur…

... et ma bille a continué à rouler...

... tellement loin qu'on ne l'a plus vue du tout.

Je suis allée la chercher et c'est là que je me suis retrouvée entre les deux wagons, où ça bouge tout le temps et où il y a plein de bruit. J'ai voulu faire demi-tour mais...

CATASTROPHE ! Les portes étaient impossibles à ouvrir.

Quand papa m'a vue dans les bras du contrôleur, il a fait ses yeux pas contents.

– Encore trois heures de train, a-t-il soupiré.
– Catastrophe, a répondu maman.

« Encore trois heures de train… ça c'est chouette, je me suis dit, juste le temps de m'entraîner aux billes… et tant pis pour Victoria, elle la rangera toute seule sa chambre ! »